DIESES BUCH GEHÖRT:

# DAS BIN ICH!

Male ein Bild von dir oder klebe ein Foto ein.

Ich heiße: ……………………………………

Aber alle nennen mich: ……………………………

So alt bin ich: ……………………………………

Am ………………… habe ich Geburtstag.

Daran erkennt man mich immer und überall:

.....................................................................................

Das mache ich gerne:

- ☐ Ball spielen
- ☐ Füße waschen
- ☐ aufräumen
- ☐ Seil hüpfen
- ☐ tanzen
- ☐ basteln

- ☐ herumtoben
- ☐ Spinnen fangen
- ☐ durch Pfützen patschen
- ☐ malen
- ☐ Zähne putzen
- ☐ Verstecken spielen

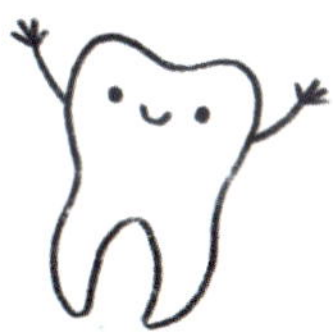

Und am allerliebsten:

.....................................................................................

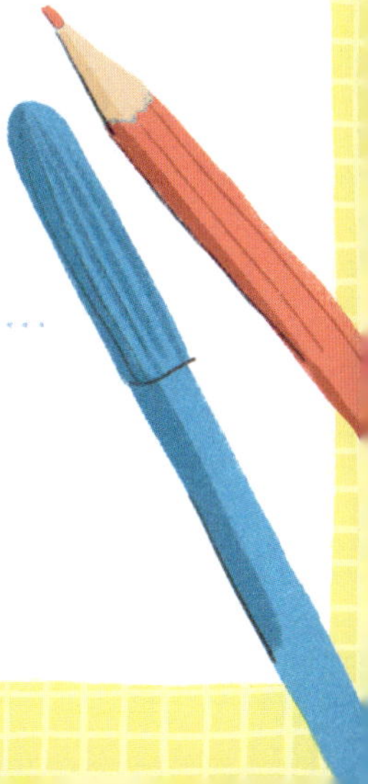

Ich bin jetzt .......... Zentimeter groß.

Und so groß will ich werden: .......... Zentimeter

Wenn ich groß bin, dann werde ich:

..........

Das kann ich jetzt schon gut:

..........

..........

..........

Hier wohne ich: ..............................................................

..................................................................................

Zusammen mit:

Ich habe ein Haustier ☐ ja ☐ nein

Es ist ein/eine ..............................

und heißt ..............................

Das ist mein Lieblingstier:

Ich habe noch alle Milchzähne im Mund

☐ ja ☐ nein

So viele Milchzähne habe
ich schon verloren: ..........

In meinem Mund habe ich :

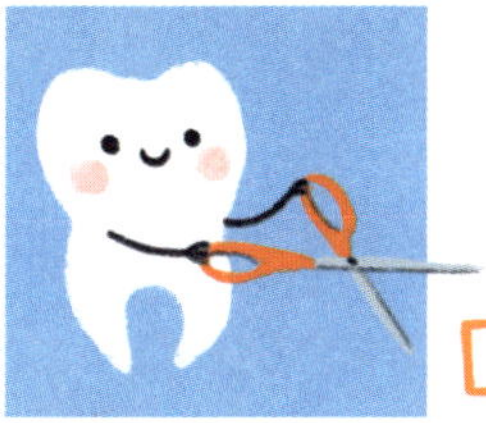

- [ ] Schneidezähne

- [ ] Eckzähne

- [ ] Tigerzähne

- [ ] Löwenzähne

- [ ] Backenzähne

- [ ] Weisheitszähne

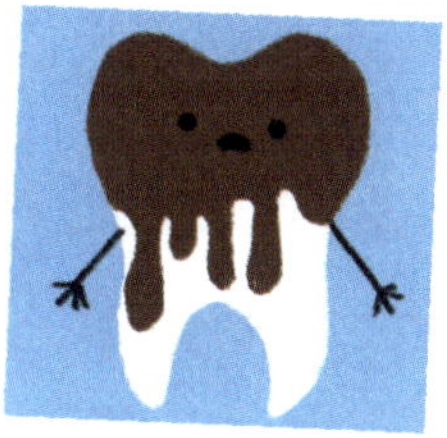

- [ ] Kakaozähne

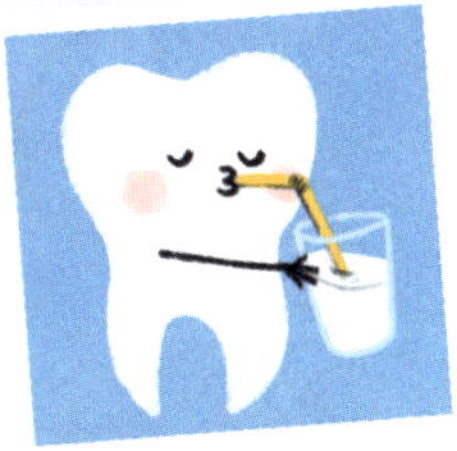

- [ ] Milchzähne

**OFT WAR EIN ZAHNLOSER TIGER
ZUM SCHLUSS DANN DOCH DER SIEGER.**

# MEIN ERSTER SCHULTAG

Am .................... bin ich in die Schule gekommen.
Da hat für mich der Ernst des Lebens angefangen.

Mein erster Schultag war ein

MONTAG
DIENSTAG
MITTWOCH
DONNERSTAG
FREITAG

So war das Wetter:

Den ersten Schultag haben mit mir gefeiert:

In der Nacht vor meinem ersten Schultag ...

- ☐ ... habe ich mein Kuscheltier ganz fest im Arm gehalten.
- ☐ ... bin ich aus dem Bett gefallen.
- ☐ ... hat der Mond hell geleuchtet.
- ☐ ... habe ich viel geträumt.
- ☐ ... hat sich ein Krokodil unter mein Bett geschlichen.
- ☐ ... habe ich heimlich meine Schultüte aufgemacht.
- ☐ ... konnte ich nicht einschlafen.

An meinem ersten Schultag

bin ich um ............... Uhr

aufgestanden.

.......................................................... hat/haben

mich zur Schule begleitet.

So habe ich mich gefühlt, als ich die Schule betreten habe:

☐ fröhlich

☐ stolz

☐ ängstlich

☐ neugierig

☐ unsicher

# WILLKOMMEN IN DER SCHULE

Und so wurden wir in der Schule begrüßt:

# MEINE SCHULTÜTE

Kreise ein, was in deiner Schultüte war:

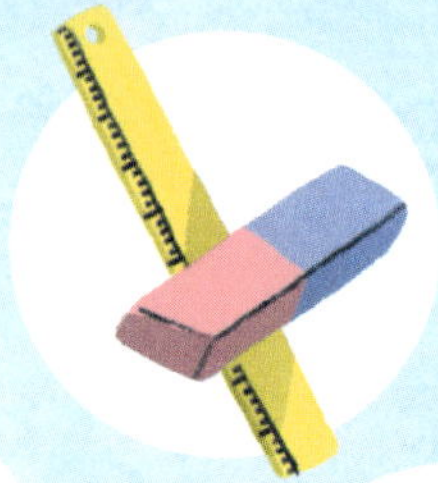

Und das war das Beste:

...................................................

...................................................

...................................................

...................................................

So sieht meine
Schultüte aus:

Hurra, hurra,
da kommt er ja.
Der Ernst des Lebens
ist jetzt da!

Das bin ich an meinem ersten Schultag:

Male ein Bild von dir oder klebe ein Foto ein.

# IN DER SCHULE

Meine Schule heißt:

.......................................................................

Ich bin in der Klasse

So viele Kinder sind in meiner Klasse: ..........

Diese Sachen gibt es in unserem Klassenzimmer:

☐ Nacktschnecke

☐ Tafel

☐ Karussel

☐ Papierkorb

☐ Elefant

☐ Lehrer

☐ Pult

☐ Tische

☐ Stühle

☐ Kuckucksuhr

☐ Apfelbaum

☐ Handtuch

☐ Herd

☐ Hammer

Das ist meine Klassenlehrerin/
mein Klassenlehrer:

So sieht meine Klassenlehrerin/
mein Klassenlehrer aus:

Male ein Bild oder klebe ein Foto ein.

Sie/Er heißt:

..........................................................

Meine Klassenlehrerin/Mein Klassenlehrer ist

- ☐ groß
- ☐ klein
- ☐ lustig
- ☐ gutmütig
- ☐ streng
- ☐ klug
- ☐ schön
- ☐ lieb
- ☐ jung
- ☐ alt

Das finde ich am besten an ihr/ihm:

............................................................

............................................................

............................................................

So heißen die Kinder aus meiner Klasse:

Und hier ist ein Foto von uns:

# MEINE SCHULTASCHE

Meine Schultasche ist

- [ ] ganz schön schwer
- [ ] federleicht
- [ ] nagelneu
- [ ] riesengroß
- [ ] richtig cool

Und so sieht sie aus:

Male ein Bild oder klebe ein Foto ein.

Das brauche ich alles für die Schule:

☐ Buntstifte

☐ Pausenbrot

☐ Spitzer

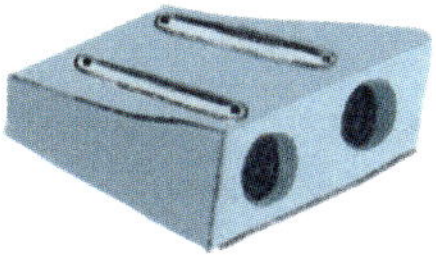

☐ Hausschuhe

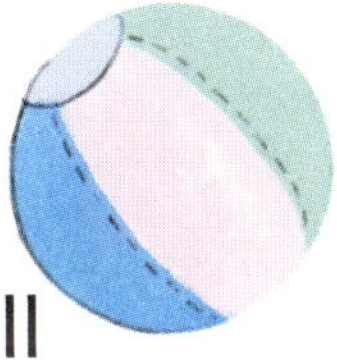

☐ Ball

☐ Schlafmütze

☐ Dickes Fell

☐ Hefte

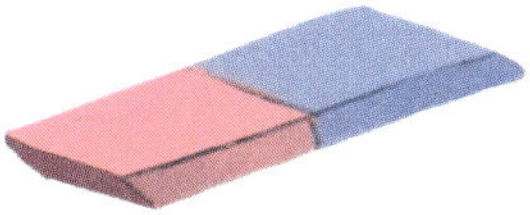

☐ Radiergummi

☐ Dinosaurier

☐ Eselsohren

# ALLE MEINE FARBEN

So viele unterschiedliche Farben haben die Stifte in meinem Federmäppchen: ............

Meine Schultasche ist

Die Klassentür ist

Frösche sind

Die Tafel ist

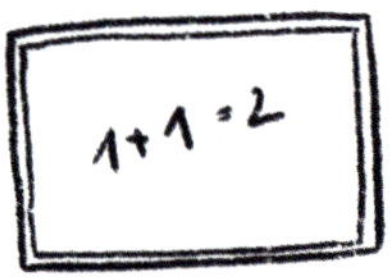


Meine Regenjacke ist

Meine Turnschuhe sind

Meine Augen sind

Meine Haare sind

Eine Krähe ist

Und meine Lieblingsfarbe ist

Dieses Bild habe ich mit meinen neuen Stiften gemalt:

# MEINE SCHULFÄCHER

Diese Fächer habe ich in meinem ersten Schuljahr:

- ☐ Turnen
- ☐ Abwaschen
- ☐ Deutsch
- ☐ Schuheputzen
- ☐ Mathematik
- ☐ Musik
- ☐ Weitspucken
- ☐ Heimat- und Sachkunde
- ☐ Dazwischenquatschen
- ☐ Religion
- ☐ Werken

# Mein Stundenplan

| ZEIT | MONTAG | DIENSTAG | MITTWOCH | DONNERSTAG | FREITAG |
|---|---|---|---|---|---|
| | | | | | |
| | | | | | |
| | | | | | |
| | | | | | |
| | | | | | |
| | | | | | |

Auf dieses Schulfach freue ich mich am meisten:

...........................................................................

Das kann ich schon schreiben:

Und so sieht es aus, wenn ich meinen Namen schreibe:

DAS H WILL WEG

DAS M WILL HIN.

AUS HAUS

WIRD MAUS

UND SCHON IST
DIE GESCHICHTE AUS.

## So weit kann ich schon zählen:

Verbinde die Zahlen in der richtigen Reihenfolge:

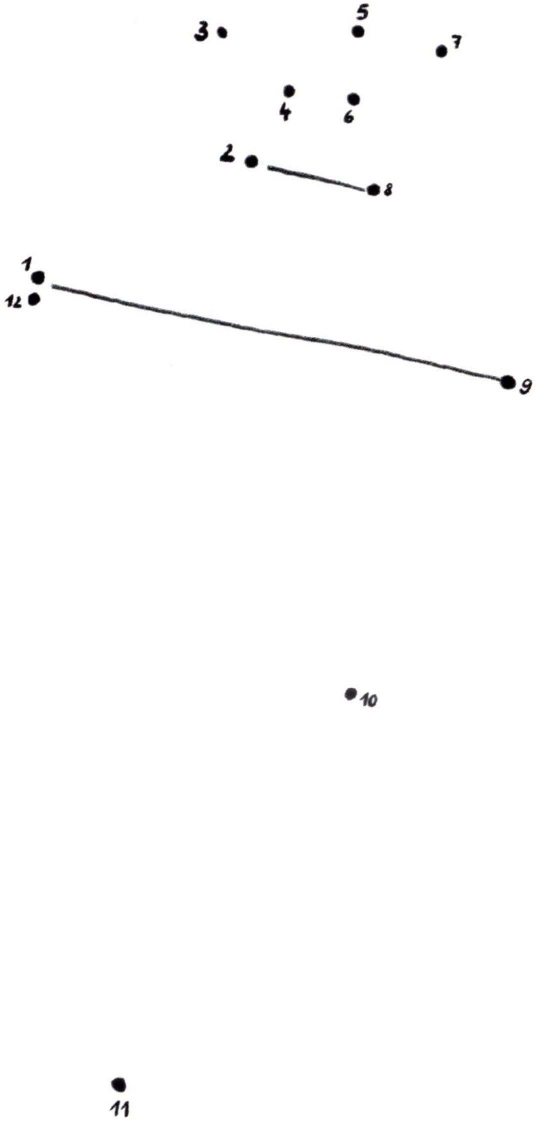

# IN DER PAUSE

In der großen Pause kann ich mich austoben.
Das mache ich am liebsten:

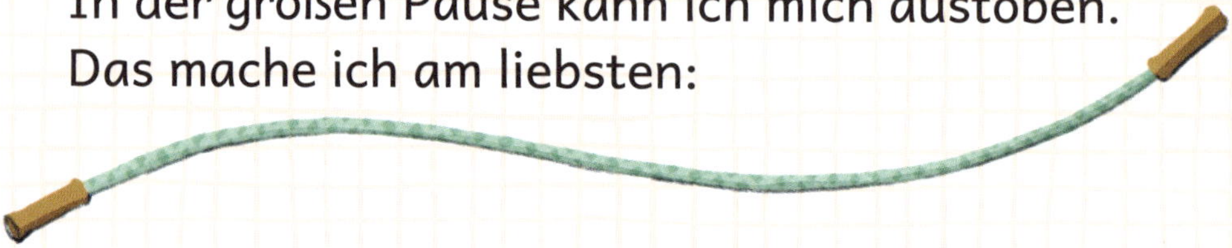

- ☐ Verstecken spielen

- ☐ Ball spielen

- ☐ Karten oder Sticker tauschen

- ☐ seilhüpfen
- ☐ Pferd spielen
- ☐ klettern

In der Pause esse ich gerne:

Das mag ich gar nicht auf meinem Pausenbrot:

# MEIN SCHULWEG

Kreise ein, welche Verkehrszeichen du auf deinem Schulweg entdeckst.

Bei 🔴 muss ich stehen.

Bei 🟢 darf ich gehen.

ANETTE SCHREIBT ES HINTERS OHR,
DIE STRASSE IST KEIN FUSSBALLTOR.

# MEIN GANZER SCHULTAG

Um .............. Uhr stehe ich auf.

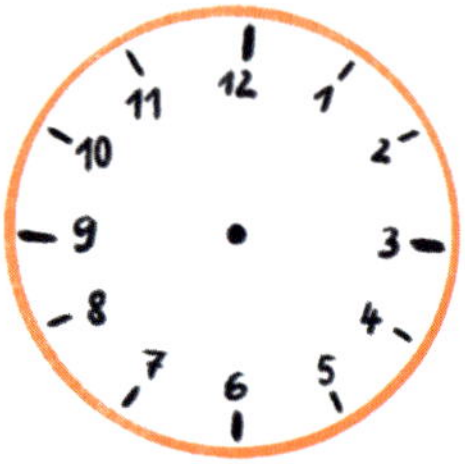

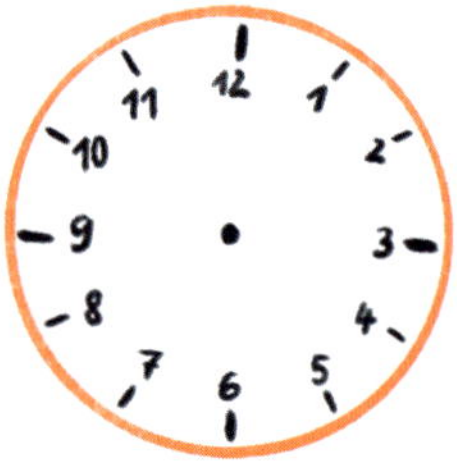

Um .............. Uhr gehe ich aus dem Haus.

Um .............. Uhr fängt die Schule an.

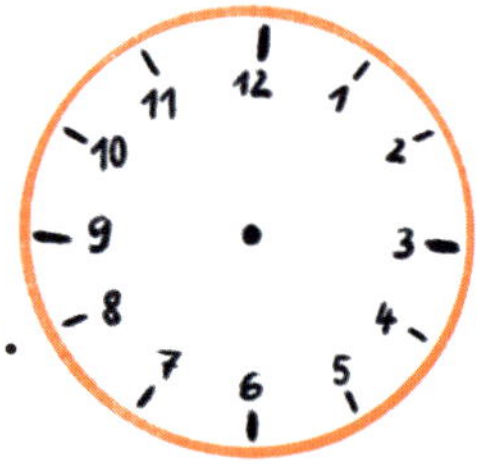

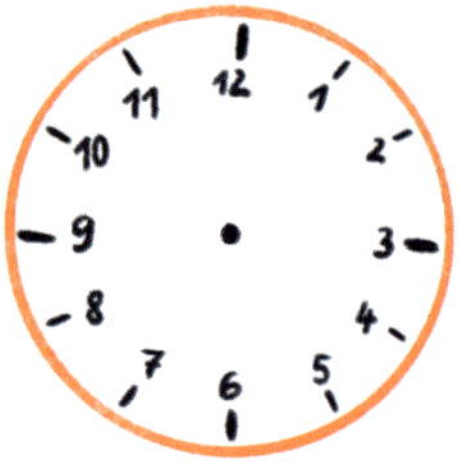

Um .............. Uhr esse ich zu Mittag.

Um ............ Uhr mache ich die Hausaufgaben.

Um ............ Uhr spiele ich meistens.

Um ............ Uhr gibt es Abendbrot.

Um ............ Uhr gehe ich ins Bett.

**DIE ZEIT LÄUFT UND MANCHMAL STEHT SIE STILL.
DIE ZEIT MACHT EINFACH, WAS SIE WILL.**

# Alle guten Wünsche

Zum ersten
Schultag wünsche ich Dir

.....................................................

.....................................................

Dein/Deine ..................

Zum ersten
Schultag wünsche ich Dir

.....................................................

.....................................................

Dein/Deine ..................

Zum ersten
Schultag wünsche ich Dir

....................................................

....................................................

....................................................

Dein/Deine ..........................

Zum ersten
Schultag wünsche ich Dir

....................................................

....................................................

....................................................

Dein/Deine ..........................

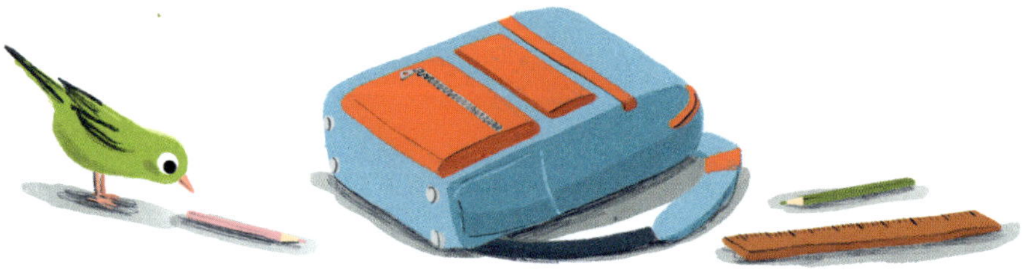

Jörg, Sabine und Behl, Anne-Kathrin:
Der Ernst des Lebens: Mein Album vom 1. Schultag
ISBN 978 3 522 18597 4

Konzept, Text und Idee: Sabine Jörg
Illustrationen: Anne-Kathrin Behl
Einbandtypografie: Doris Grüniger, buchundgrafik.ch
Innentypografie: Eva Mokhlis, Swabianmedia, Stuttgart
Reproduktion: Schwabenrepro GmbH, Fellbach
Druck und Bindung: Livonia Print, Riga

FSC www.fsc.org
MIX
Papier aus verantwortungsvollen Quellen
FSC® C002795